LE CHEVALIER
DE LENCHÈRES

MARÉCHAL
DES CAMPS ET ARMÉES DU ROI

(1731-1780)

PAR

L'ABBÉ PAUL LEGRAND
CURÉ DE BOUTEVILLE

A ANGOULÊME
CHEZ L. COQUEMARD
Libraire de la Société archéologique et historique de la Charente
RUE DU MARCHÉ, N° 3

M DCCC XC

LE CHEVALIER
DE LENCHÈRES

MARÉCHAL
DES CAMPS ET ARMÉES DU ROI

(1731-1780)

PAR

L'ABBÉ PAUL LEGRAND

CURÉ DE BOUTEVILLE

A ANGOULÊME

CHEZ L. COQUEMARD

Libraire de la Société archéologique et historique de la Charente

RUE DU MARCHÉ, N° 9

M DCCC XC

Extrait du *Bulletin de la Société archéologique et historique de la Charente*, année 1889.

TIRAGE A 100 EXEMPLAIRES

Angoulême, Imp. Charentaise de G. CHASSEIGNAC, rempart Desaix, 26.

JEAN LEROI, CHEVALIER DE LERCHÈRES

(1731-1780)

D'après une miniature du XVIIIe siècle

LE

CHEVALIER DE LENCHÈRES

MARÉCHAL DES CAMPS ET ARMÉES DU ROI

(1731-1780)

Interroga majores et dicent...

La Corse venait d'être cédée temporairement à la France par la république de Gênes, et selon les conventions du traité passé à Compiègne en 1764, Louis XV envoya dans cette île un corps de troupes non seulement pour en prendre possession, mais dans le but surtout de mettre fin aux entreprises trop belliqueuses de Pascal Paoli (1). Parmi les officiers supérieurs qui travaillèrent d'une manière fructueuse à la pacification de cette nouvelle province, nous relevons le nom d'un de nos concitoyens. Ses mérites et ses talents le firent nommer maréchal des camps et armées du Roi, grade qui équivaut, comme on sait, à celui de général de brigade. Le général de Lenchères avait réuni des notes nombreuses dans l'intention de faire un jour le récit de cette conquête, mais la mort l'empêcha de réaliser son projet. Après un siècle, ces souvenirs manuscrits, nous les avons retrouvés, inédits encore, moins nombreux, il

(1) Général corse (1726-1807).

est vrai, mais suffisants pour nous faire apprécier la vie et le rôle du chevalier de Lenchères, brigadier de cavalerie, maréchal des camps et armées du Roi, gouverneur de la ville de Corte, chevalier de l'ordre royal et militaire de Saint-Louis, etc., etc. (1).

*
* *

C'est à Angoulême, non loin du château, sur la paroisse de Saint-Antonin, que naquit, le 7 janvier 1731, Jean Leroi, chevalier de Lenchères, seigneur du Breuil de Dignac (2). Il était le second fils d'Antoine Leroi, seigneur de Lenchères, Saint-Georges et Le Breuil de Bonneuil (3), et de Jeanne-Angélique de La Charlonnie. Sa voie lui fut bien vite tracée. De tout temps sa famille avait largement contribué, par plusieurs de ses membres, à la défense du pays; aussi, plus tard, en demandant au Roi des places à l'École militaire pour ses neveux, le chevalier de Lenchères saura-t-il exposer dans sa requête « que son frère a été capitaine « au régiment d'Aunis, qu'il en a perdu un autre en « Corse, où il étoit employé comme ayde-maréchal « général des logis de l'armée, que son père a servi « dans la marine, son grand-père dans les mousque- « taires, et que tous ses ancêtres, en remontant, ont été « militaires... ».

(1) Je me fais un plaisir de reconnaître ici avec quelle extrême obligeance Mme la douairière de Lenchères a mis à ma disposition des documents de famille; qu'elle daigne agréer l'hommage de ma très respectueuse gratitude.

Je me permets aussi de remercier M. l'abbé Noblet, le distingué professeur à l'école Saint-Paul d'Angoulême, pour le dessin qui orne cette modeste notice.

(2) Canton de Villebois-Lavalette (Charente).

(3) Canton de Châteauneuf (Charente).

Notre jeune gentilhomme embrassa donc la carrière des armes. A seize ans (1747, 7 juin), il se trouve lieutenant en second en la compagnie ordinaire du régiment de Flandre. L'année suivante, 1er janvier, il est nommé lieutenant en la compagnie de Didier de Tournainville, au même régiment, qui avait alors pour colonel le comte de Choiseul-Beaupré.

Vers cette époque, la république de Gênes, fatiguée de voir son autorité de plus en plus méconnue dans l'île de Corse, d'autre part trop faible ou trop peu habile pour réprimer elle-même les incessantes rébellions de ses sujets, demanda les bons offices du Roi de France, afin de l'aider à rendre la tranquillité à ce pays, tourmenté depuis de longues années par les factions.

Louis XV confia cette mission à M. de Cursay (1) (mai 1718), qui sut, par son adresse, sa modération et sa prudence, ramener à la soumission les esprits égarés, en même temps que, par son influence légitime, il s'attira bientôt la sympathie des insulaires; mais la jalousie inquiète et ombrageuse des Génois, en détruisant sourdement les heureux résultats obtenus par l'administrateur français, allait déchaîner sur la Corse les fléaux d'une guerre fratricide, qui ne devait cesser que par la réunion de cette province à la France.

Le marquis de Cursay emmena avec lui quelques troupes, et parmi les officiers qui prirent part à cette expédition, nous distinguons notre jeune lieutenant. Ce sera là désormais, sur cette terre de Corse, qu'une grande partie de l'existence du chevalier de Lenchères s'écoulera; c'est là que son activité va se produire, ses qualités se développer, son zèle infatigable se répandre, et si, pour l'ardeur de son courage, selon qu'il l'aurait

(1) Marie de Cursay, maréchal des camps et armées du Roi.

souhaité, — nous en avons les preuves dans sa correspondance, — il ne rencontre pas aussi souvent la mêlée sanglante des batailles s'étalant sur un vaste champ, il aura du moins à lutter, chaque jour, contre les attaques sans cesse répétées de bandes diverses faisant le coup de feu à l'ombre de la montagne ou se retirant dans les broussailles des maquis.

Dès son arrivée, on le charge de la réorganisation des régiments formés dans l'île, et avec l'entrain qui le caractérise, il se dévoue sans relâche à l'instruction des nouvelles recrues; tantôt il s'occupe des travaux de défense, tantôt il étudie les ressources de la contrée, et pendant près de dix ans d'un labeur obscur peut-être, mais non sans mérite, il acquiert une connaissance approfondie des intérêts de cette population, à tel point que, dans bien des circonstances, à Versailles, on recherchera souvent son avis.

Un premier avancement notable fut la récompense des services qu'il rendit, car le Roi « ayant reçu diverses preuves de la valeur, courage, expérience en la guerre, vigilance et bonne conduite » de notre lieutenant au régiment d'infanterie de Flandre, le nomma major du régiment de cavalerie légère en Corse (29 avril 1757).

Tandis que la France prêtait son concours efficace à une alliée, elle se trouvait elle-même sur un autre point aux prises avec l'ennemi. On sait sous quels auspices néfastes la guerre de Sept ans fut entreprise, de quelle façon malheureuse elle fut dirigée, comment, parfois, après des revers honteux, la victoire fut forcée de se réfugier sous nos drapeaux, grâce à un déploiement de forces bien supérieur à celui de nos adversaires. Cette guerre touchait à sa fin, quand le chevalier de Lenchères, employé dans le Midi à former un régiment de cavalerie légère pour le service de Gênes, fut rappelé et envoyé dans le camp français établi sur les rives du

Rhin en vue de la campagne qui allait bientôt s'ouvrir sous le commandement du maréchal prince de Soubise.

A cette occasion, notre compatriote est promu aide-maréchal général des logis (1761); il sert sous les ordres de M. de Castries, dans l'état-major de la cavalerie, jusqu'à la conclusion de la paix, qui survient au bout de deux ans (1763). Cette campagne lui valut la croix de chevalier de Saint-Louis.

Cependant l'agitation persistait en Corse. Les indigènes avaient choisi parmi eux un chef politique. Celui-ci, sous prétexte d'émanciper son pays de la domination étrangère, avait groupé autour de lui quelques soldats, et par son énergie il était parvenu à résister au commissaire de la République, non sans remporter certains avantages; aussi son influence parmi les siens devint-elle très grande.

« On me mande aujourd'hui, écrit le chevalier de « Lenchères, que notre ami Paoli est allé se promener « à la tour des Salines d'Ajaccio, qui, comme vous « pouvez vous en ressouvenir, est à un mille du fau- « bourg. Toute la ville, sans exception ny distinction « d'âge et de sexe, s'y est trouvée, les dames dans « leur plus grande parure; plusieurs, me dit-on, ont « porté les marques de considération pour la personne « du général jusqu'à vouloir luy baiser la main; quoy « qu'il rende peu au beau sexe, il scait trop ce qu'on luy « doit pour s'y être prêté, et il n'a accordé cette faveur « qu'aux hommes et aux prêtres, qui y ont accouru « avec la même ferveur qu'une dévote à des reliques du « saint de tout le paradis auquel elle auroit le plus « de confiance » (1).

Gênes eut de nouveau recours à la France; le traité de Compiègne conclu entre les deux puissances, en

(1) Lettre à M. de Vallières (15 décembre 1765).

cédant au Roi certaines places dans l'île, était un acheminement à l'annexion, qui devait arriver quelques années plus tard.

Le comte de Marbeuf (1), avec ses bataillons français, allait réduire à l'obéissance tous les fauteurs de ces divisions intestines, qu'ils fussent brigands ou volontaires de Paoli. Dans cette œuvre, le chevalier de Lenchères eut sa place marquée, car nul ne connaissait mieux que lui ce pays, à cause du premier séjour prolongé qu'il y avait fait; aussi n'est-il pas étonnant qu'il fût, dans la suite, un des principaux auxiliaires du général en chef.

Le général corse semblait, lui, de son côté, comprendre quelle était son autorité sur ses compatriotes.

Il avait sous ses ordres 2,000 hommes, de plus une compagnie dite prussienne, forte de 1,800 hommes commandés par un Allemand nommé Kleist et composée de déserteurs de toutes les nations, parmi lesquels beaucoup de Français; il avait aussi à son service 65 pièces de canon. L'argent ne lui faisait point défaut, car il avait établi une taxe de 40 sols par chaque feu dans l'île, ce qui lui donnait 50,000 livres. Il disposait en même temps de huit ou neuf bâtiments (2).

Fier de ces ressources, il résolut de tenter au dehors un coup d'audace. Ses efforts se dirigèrent sur l'île de Caprara, qui appartenait aux Génois. « Caprara est une « roche aride, escarpée et à pic dans tout le pourtour « de l'île, excepté seulement dans trois points; le port, « qui est le principal mouillage, est une plage resserrée,

(1) Il y eut plusieurs généraux qui se succédèrent comme commandants en chef dans la Corse, entre autres le marquis de Chauvelin, le comte de Vaux, etc.; mais il n'en est pas qui y resta plus longtemps, soit par intérim ou en titre, que Louis-Charles-René, comte de Marbeuf, lieutenant du Roi des quatre évêchés de la Haute-Bretagne, commandeur de l'ordre royal et militaire de Saint-Louis, etc., etc.

(2) Rapport de M. de Valcroissant.

« étroite, couronnée de hauts rochers, commandée par « une tour... » (1).

Les Corses, au nombre d'environ 300, débarquent dans l'île; ils ne rencontrent aucune opposition à leur descente, s'emparent des tours, du port, du village et du couvent, tandis que les Génois, au nombre de 40, se retirent dans le fort. Mais Paoli, qui se fait un point capital du succès de cette expédition, pousse le siège avec vigueur, et le 29 mai 1767, le fort de Caprara se rend aux Corses, à la vue de la flotte génoise, pendant que la garnison avait pour plus de quinze jours de vivres et possédait encore quelques munitions (2). Ce fait d'armes fortifia le parti de l'indépendance.

Dès ce moment, Paoli tourna ses attaques contre les Français; il les harcelait sans cesse, tantôt sur un point, tantôt sur un autre; il était là, luttant contre les envahisseurs avec des avantages divers jusqu'à ce qu'une action décisive eût à jamais détruit son armée, dispersé ses partisans et anéanti chez eux tout espoir de triomphe. Nos troupes, dans ces engagements partiels, savaient aussi parfois triompher des obstacles multiples qui se rencontraient sous leurs pas et forcer l'ennemi à s'incliner devant elles. Telle fut la conquête du cap Corse, dans laquelle le chevalier de Lenchères se distingua d'une façon si brillante que le duc de Choiseul lui écrivit : « M. le comte de Marbeuf ne m'a pas laissé « ignorer, monsieur, la part que vous avez eue aux « dispositions qui ont été faites pour la conquête du cap « Corse; j'en ay rendu compte au Roy, et Sa Majesté « m'a authorisé à vous marquer sa satisfaction... » (1768, 10 septembre).

(1) Lettre du chevalier de Lenchères à M. de Castries (10 mars 1767).

(2) Lettre du chevalier de Lenchères à M. de Soubise (1767).

Toutefois, les hostilités ne cessent de continuer avec ardeur de part et d'autre. Sur le penchant d'une montagne, sur une arête dont il occupe toute la longueur, se trouve le village du Borgo (1). Là, le chevalier de Lude, avec une compagnie de 20 hommes et un lieutenant, retranchés dans une tour, devait garder cette position. Tout à coup des volontaires de Paoli, au nombre de 4 à 5,000, se rendent maîtres de la tête du village et attaquent le détachement français. A cette nouvelle, M. de Chauvelin, qui commandait en chef, accourt avec tout ce qu'il peut tirer d'hommes des six bataillons du Soissonnais, du Rouergue, du Languedoc et de la légion royale, c'est-à-dire environ 1,100 hommes d'infanterie, 4 pièces de canon et 100 chevaux, « tant les corps sont affaiblis par les pertes ou par les maladies ». Cette affaire fut chaude; chacun paya de sa personne.

Notre officier angoumoisin, attaché à la colonne qui était sous les ordres de M. de Marbeuf, fit bravement son devoir; mais que peut souvent la valeur devant la force numérique? La garnison de Borgo capitula. Voici comment le chevalier de Lenchères rendit compte de cette victoire des Corses, qui fut la dernière : « M. de « Lude, officier d'ailleurs plein de zèle, de fermeté et de « volonté, n'a mis nulle intelligence dans la défense des « dehors de ce poste. M. de Chauvelin a fait plus qu'il « n'a dû pour le secourir et il n'y a qu'à se louer de la « valeur des troupes. MM. de Marbeuf, d'Arcambal (2) « et de Caupenne ont eu de fortes contusions. M. de « Narbonne (3) assure ne s'être jamais trouvé à une

(1) Aujourd'hui chef-lieu de canton dans l'arrondissement de Bastia.

(2) Colonel de Rouergue.

(3) Maréchal de camp.

« action aussi meurtrière ; mon frère (1), qui étoit avec « lui, pourroit faire plusieurs campagnes de guerre « sans essuyer personnellement autant de coups de « fusil qu'il a fait; ny luy ny moy n'avons été tou- « chés... » Et dans une autre lettre, il ajoute : « Je « crois qu'on peut dire que le chevalier de Lude n'a pas « montré le genre d'intelligence nécessaire à la défense « d'un poste ; personne, d'ailleurs, n'a plus de zèle, de « valeur, de sang-froid et d'honnêteté. Son malheur « me touche comme s'il m'étoit personnel, parce que « je l'estime infiniment. La confiance que l'on a prise « dans le poste de Borgo étoit une suite de celle « qu'inspiroit le chevalier de Lude. Toute la résistance « que nous avons trouvée est venue des maisons, dont « les Corses avoient simplement muré les portes et les « fenêtres en y ménageant des créneaux et non des « retranchements qu'ils avoient pu faire. L'événement « du Borgo est humiliant pour les armes du Roy ; il « nous a coûté, en morts, blessés ou prisonniers, « 700 hommes. Du reste, les Corses n'ont point triom- « phé de cet avantage ; mais ce qu'il y a d'effrayant est « le découragement des troupes et leur peu de con- « fiance, qu'on ne peut leur rendre que par de bons « choix. »

Cet échec produisit en France une vive émotion, mais n'apporta aucun changement à l'imprévoyance ou à l'impéritie des chefs. La bravoure personnelle ne saurait

(1) Jean-Roch Le Roi, chevalier de Lenchères, aide-maréchal des logis en Corse, décédé à l'âge de trente ans, le 4 décembre 1768, fut enseveli dans l'église de Saint-Jean-Baptiste de Jarronechia de Bastia. « Je suis dans l'accablement de la douleur la plus vive et la plus « forte : j'ay perdu mon frère ; j'ay perdu en luy mon meilleur cama- « rade et un tendre ami que je regretteray toute ma vie ; il est mort « au moment où ses services et le suffrage des généraux pouvoient le « mettre à même de faire quelque chose. » — Lettre à M. de Castries (10 décembre 1768).

jamais suppléer aux autres qualités indispensables pour mener une armée à la victoire. M. de Chauvelin, il faut l'avouer, durant cette courte campagne, ne fut pas heureux. En voici une preuve entre beaucoup d'autres :

« M. de Chauvelin alla le 25 octobre voir les villages « d'Oletta (1) et d'Olinetta, dans le Nebbio; comme nous « nous retirions, vingt-cinq ou trente coquins nous ont « suivis; on les a chassés; on n'a pas pour cela pris plus « de précautions pour la tranquillité de la retraite; ils « sont revenus; le malheureux chevalier de Berthisy a « été tué, deux officiers blessés; un capitaine de gre- « nadiers de la marine et un de chasseurs du Royal- « Italien, ne pouvant marcher, ont été pris, deux ou « trois soldats tués ou blessés et autant faits prison- « niers. En vérité, je ne puis m'empêcher de dire que le « peu de confiance des troupes est trop justifié... » (2).

Et pendant ce temps-là, Paoli recevait journellement des secours par l'Isola-Rossa, s'emparait de nos tartanes et chassait au loin nos navires. Pouvait-il en être autrement, puisque dans le camp français certains généraux avaient oublié leur métier?

« Mon chef me recherche, écrit le chevalier de Lenchères, quand il croit avoir besoin de moy; il me « témoigne, d'ailleurs, à peu près autant d'honnêteté « qu'il est en luy de le faire; il a très mal réussi vis-à- « vis tout le monde, et M. de Pujol (3) guère mieux. Ce « dernier a le commandement fort dur, et pour faire « oublier cette dureté, il faut bien sçavoir son affaire ; « il fait strictement ce qu'il doit de son cabinet; ce n'est « pas assez pour le bien de la chose et la gloire du « général qui doit le toucher. On fatigue horriblement

(1) Aujourd'hui chef-lieu de canton, arrondissement de Bastia.
(2) Lettres à M. de Castries (1768-1769).
(3) Brigadier, major général d'infanterie.

« les troupes sans nécessité par le peu d'habitude qu'on « a de les manœuvrer, et les chefs d'état-major sont « toujours l'objet de leurs plaintes; il n'est pas possible, « monsieur le marquis, qu'une patente du Roy donne la « capacité nécessaire pour un métier que l'on n'a jamais « fait ou que l'on a oublié. Tous les généraux me témoi-« gnent des bontés et de la confiance; on m'employe à « tout sans que je reste chargé de rien, situation assez « désagréable... »

Ces réflexions de la part d'un officier à l'égard de son supérieur, en admettant même qu'un peu de mécontentement s'y soit mêlé, pour sévères qu'elles peuvent paraître, n'étaient pas sans fondement. Elles étaient aussi partagées par celui qui fut plus tard le vainqueur de Jemmapes et de Valmy.

Dumouriez, alors aide-maréchal des logis sous les ordres de notre compatriote, se plaint dans ses *Mémoires* de l'insuccès de nos armes et nous en indique la cause principale : « Ce général [M. de Chauvelin], après « avoir bien servi pendant la guerre de 1741, sous le « prince de Conti, avait passé le reste de sa vie dans les « ambassades ou auprès de Louis XV, qui l'aimait « beaucoup. Il avait perdu l'habitude de la guerre et « n'y entendait rien » (1).

En face des opérations malheureuses de cette campagne, découragé et voyant l'effectif de ses troupes diminuer chaque jour, que fera le général en chef pour se réhabiliter aux yeux de son souverain? Il va, peut-être d'après les suggestions de Dumouriez lui-même, essayer d'une autre tactique et chercher à pacifier l'île par la voie des négociations : tel est le plan qu'il expose au Roi dans un mémoire détaillé; et de suite des Français s'efforcent de semer la division parmi les troupes de Paoli,

(1) Livre I, chapitre V.

ils suscitent une contre-révolution dans une partie de la Corse en soudoyant des insulaires. Là encore, le résultat ne fut pas heureux ; qu'on en juge : « Les « Corses à la solde du général français, à peine sortis « d'Ajaccio, y sont rentrés dans le plus grand désordre « sans cependant avoir essuyé un coup de fusil ; ils ont « abandonné des munitions et environ 6,000 livres d'ar-« gent qu'ils avoient emportées pour augmenter leur « party. Tout cela ne m'étonne pas par plusieurs motifs, « mais surtout par le choix des sujets que l'on avoit « mis à la tête de cette opération. L'un est ce Pérès « qui commandoit l'année dernière le corsaire de Paoli « et que ce chef avoit exilé ; l'autre un Français flétri et « réduit pour toute ressource à s'attacher à Pérès. Le « choix que l'on avoit fait pour soulever la Balagne (1) « n'était guère meilleur : le principal agent sous Dumou-« riez, qui ne peut pas encore assez connoître les gens « de ce pays-ci pour que son zèle, son ardeur et l'envie « *de faire quelque chose ne l'abusent pas*, étoit un petit « marchand français, chassé d'icy il y a deux ans et « mauvais sujet dans tous les points. M. de Chauvelin « ne l'ignoroit pas ; je fus si étonné de voir ces gens-là « à sa table et dans sa confiance que, supposant qu'il « ne les connoissoit pas pour ce qu'ils étoient, je pris la « liberté de le luy dire. Je ne crois pas qu'il soit possible « de réunir à la fois autant d'esprit et de malhabileté « dans toutes les affaires... » (2).

Nous ne sommes point surpris que, d'après ce jugement porté par le chevalier de Lenchères sur les intrigues de Dumouriez, — ne fut-ce pas là, d'ailleurs, un peu le côté faible de toute sa vie ? — ce général, faisant plus tard le récit de sa campagne en Corse, — deux ans seu-

(1) Nord-est de l'arrondissement de Calvi.
(2) Lettre à M. de Castries (décembre 1768).

lement, — n'ait pu se ressouvenir de notre officier angoumoisin, dont les talents réels furent alors reconnus et les services récompensés par diverses gratifications (1), et particulièrement par sa promotion au grade de brigadier de cavalerie (2), à l'arrivée de M. le comte de Vaux (3), successeur de M. de Chauvelin (1789).

Cependant la cession définitive de l'île venait d'être faite à la France par les Génois ; à partir de ce moment, la puissance de Paoli commença à décroître avec rapidité.

« La nation est si lasse de la guerre, de la domina-
« tion de Paoli et du sang qu'il luy a fait répandre, qu'en
« général elle s'en verra délivrée avec plaisir... Peu de
« despotes ont fait un plus sévère usage de leur autho-
« rité... » (4).

Le parti de l'indépendance avait vécu, et les débris épars qui essaieront de se réunir seront désormais détruits ou réprimés par le comte de Marbeuf.

Le chevalier de Lenchères commanda successivement à Ajaccio (5) et à Corte ; dans ces fonctions, il parvint, par son énergie et sa modération, à ramener le calme, à

(1) Secours extraordinaire de 1,200 livres, à titre de satisfaction (1764) ; brevet de 1,000 livres de pension sur l'ordre militaire de Saint-Louis (1768) ; gratification de 6,000 livres (1770).

(2) Ce grade surpassait autrefois celui de colonel et venait immédiatement avant celui de maréchal de camp.

(3) Noël-Charles, comte de Vaux, lieutenant général des armées du Roi, grand-croix de l'ordre de Saint-Louis, gouverneur des villes de Thionville, etc., etc.

(4) Lettre à M. de Castries (1769).

(5) C'est dans cette ville qu'un M. Buonaparte, — était-ce le père de celui qui devait être un jour le premier consul ? — ayant débarqué sur la côte de l'île sans s'être conformé aux règlements sanitaires, fut mis aux arrêts dans sa maison par le chevalier de Lenchères. « Je me
« suis réservé, ajoute ce dernier, de luy parler de sa faute en homme
« qui s'intéresse à luy ; il compte trop sur les bontés des personnes
« qui luy en marquent [probablement le comte de Marbeuf, alors
« gouverneur général en Corse] et il s'attire bien des ennemis. »

éviter bien des conflits, et par sa mansuétude il sut conquérir l'attachement de ses peuples; et lorsque surviendra l'expiration de son mandat, la province de Corte ne trouvera pas d'occasion plus solennelle pour témoigner sa reconnaissance à son commandant que de formuler à l'unanimité, dans une de ses assemblées, le ferme désir de garder à sa tête notre compatriote, et cet hommage sera confirmé par le comte de Narbonne. « La tranquil-
« lité qui règne dans votre partie, depuis que le com-
« mandement vous en a été confié, prouve qu'avec des
« précautions et une attention suivie l'on peut ménager
« la vie des hommes... » (1).

Mais le climat, les travaux, les privations de toute sorte (2) et les fatigues réitérées de son séjour en Corse, malgré différents congés dans sa famille, avaient altéré la santé du chevalier de Leuchères; il obtint de rentrer en France. A peine rétabli, il est envoyé en Alsace pour servir sous le maréchal de Contades; puis, bientôt après, il est employé au dépôt de la guerre sous M. de Vault. C'est là que le Roi jugea à propos d'honorer les services de notre brigadier de cavalerie en lui décernant le brevet de maréchal de camp; ce fut là aussi le digne couronnement de sa vie militaire, car une mort prématurée vint briser cette existence, qui promettait encore beaucoup pour la gloire de son pays.

Il mourut à Paris, dans son domicile, en la paroisse de Saint-Eustache, à l'âge de cinquante ans. Dans ses dernières volontés, il eut un souvenir pour les pauvres, surtout pour ceux de sa paroisse de Dignac en Angoumois, auxquels il ordonna de distribuer 500 livres après son décès.

(1) Lettre au chevalier de Leuchères (1772).

(2) « Nous sommes toujours jusqu'icy aussy à plaindre pour la « viande; on se bat à la boucherie pour avoir son bouilly du jour. » Lettre à M. du Tressan (1771).

Un de ses contemporains, le baron de Busenval, disait au chevalier de Lenchères : « Quand on a les talents et « la volonté que vous possédez, on ne peut manquer « de parvenir un peu plus tôt, un peu plus tard, mais « toujours sûrement. » Le temps seul semble lui avoir fait défaut. Sans nul doute que si notre maréchal de camp eût vécu davantage, qu'il se fût trouvé plus tard dans les guerres que la France eut à soutenir, il serait arrivé, comme beaucoup de ses anciens subordonnés, à occuper un rang éminent dans l'armée, et il aurait mérité un jour de ceindre son front de lauriers plus glorieux.

Mais la Providence, en ne lui ménageant point cet honneur ici-bas, lui fournit d'autre part la satisfaction bien consolante de voir les peuples qu'il administra répéter ses louanges, célébrer ses bienfaits et bénir la main qui, dans des temps troublés, leur avait procuré les douceurs de la paix :

Deseris ergo, Pater, natos, populumque gementem
    Anchora naufragiis tuta reperta suis?
Deseris, ô Pater, quo non moderatior alter,
    Quos poteras nutu supposuisse greges?
Deseris, ô Princeps, invitus fulmina mittens,
    Atque dolens quoties cogeris esse ferox?
Deseris... et populi sunt irrita vota, precesque?
    Hei mihi! Quis lacrymis possit adesse modus?
Hinc cito fac redeas redimitus tempora Lauro,
    Funere ni redeas lux mihi pejor erit (1).

(1) Lamento del dottor Leonardo Pierraggi, censore dell' Academia Romana, archidiacono di Sagona, e regio professore di scienze in detta citta sua Padria, etc., nell' universale cordoglio città e provincia di Corta per la parterra di sua Eccellenza ill. signore de Lenchere, brigadiere dell' armi del Re e comandante vigilantissimo di ditta citta e provincia.

Extrait d'un Mémoire du chevalier de Lenchères adressé à M. de Ségur et concernant la culture du tabac en Corse (1757).

Il est peu de pays où l'on use aussy communément de tabac qu'en Corse; presque tout le monde en fume et tout le monde en mâche continuellement. J'ay vu un synode où l'évêque d'Alleria(1) deffendit aux prêtres de son diocèze de mâcher du tabac avant de dire la messe ; cet ordre parut fort dur et fut mal observé. Cette denrée ne coûte rien à l'isle et ne rend presque rien. Chaque particulier en sème à peu près pour sa provision et se contente de celuy qu'il recueille ; la qualité n'y fait rien. En tout, elle n'est pas bonne ; il y a cependant des cantons où elle est meilleure ; on prétend, par exemple, que sur la montagne appellée Coscione, dans la pièvе (2) de la Rocca, si renommée en Corse pour les fromages, la plante y vient à sa parfaite maturité et d'une qualité au-dessus des autres; mais l'endroit où il est le plus abondant et le plus renommé est Guagno, dans la pièvе de Sorunsù et toute la pièvе de Ginesca. Pour fumer, comme pour prendre par le nez, Onimessa, près de Corte, est l'endroit où on en fait le plus; mais la consommation de cette dernière espèce en Corse n'est pas sensible, on n'en use guère que dans les couvents; c'est aussi là qu'on en fait le plus. On ne connoit qu'une façon de le préparer; elle consiste à faire simplement sécher la feuille tour à tour à l'ombre et au soleil, et la différence du degré de perfection vient du soin que l'on apporte à retourner souvent les feuilles, à les mettre à propos au soleil ou à l'ombre, à les arranger de façon qu'il ne s'en trouve pas trop les unes sur les autres, sans quoy il s'échauffe et prend un mauvais goût. Mais la bonté dépend surtout de la taille de la plante ; elle se coupe jusqu'à trois fois; la première tige que l'on prend d'abord est toujours la meilleure, les rejettons qu'elle pousse après sont d'une qualité fort inférieure. Cette plante, dans ce pays-ci, se sème et se complante; en tout, elle ne reste que trois ou quatre mois en terre ; on la sème en mars et on la coupe en juin; elle est plus abondante et vient plus vite dans les lieux frais, mais dans les endroits secs elle a plus de montant et est plus estimée.

(1) Aujourd'hui commune du canton de Moita, arrondissement de Corte.

(2) Mot italien qui signifie paroisse.

On en fait dans presque tous les couvents et pour les moines et pour quelques particuliers qui leur donnent la charité et qui ne prennent pas la peine d'en cultiver eux-mêmes. En tout, la partie d'au delà les monts relativement à Bastia fournit beaucoup plus de tabac que l'autre; malgré la quantité qui s'en recueille en Corse et qu'on pourroit beaucoup augmenter, on n'a point encore imaginé d'en faire un commerce ; il ne s'en vend que dans les places maritimes de l'isle, encore tirent-elles leur plus grande consommation du Levant; ce tabac leur coûte de huit à dix sols la livre, monnoye et poids de Gênes, et celui de Corse ne leur reviendroit que de trois à cinq sols. La qualité en est, à la vérité, inférieure, mais cela vient de la préparation. On prétend qu'un homme de Venaco en porta à Gênes il y a quelques années et le fit passer sans peine pour du tabac étranger de bonne qualité; il ressemble plus à l'espagnol qu'à tout autre. On ne doit entendre dans tout cecy que du tabac à fumer; la consommation de celuy que l'on prend par le nez est si peu considérable en Corse qu'on n'en doit pas parler; au reste, il est tout le même, excepté que pour le prendre par le nez on choisit le meilleur et on le pile très fin.

Signé : Lenoirees.

www.ingramcontent.com/pod-product-compliance
Lightning Source LLC
LaVergne TN
LVHW052032160826
845678LV00003B/1290

* 9 7 8 2 3 2 9 6 3 8 6 5 2 *